どっちを選ぶ？クイズで学ぶ！

自然災害サバイバル

全3巻 内容説明

① 地震

・リビングにいたら大きな地震が！
どこへ逃げる？

・火事のとき、外に出るには
どんな階段を使えばいい？

・避難所に向かう途中、
トイレに行きたくなったら？

・津波警報のとき、どこへ逃げる？

・安否を家族に伝えたい！
どの番号に電話する？　など

② 水害

・雨と風が強くなってきた。
まずなにをする？

・家族が外出中だけど、
避難したほうがいい？

・風が強く道路は水びたし。
どうやって歩くのがいい？

・強風が吹いている。危険な道はどれ？

・避難所が満員らしい。
どうする？　など

③ 避難生活

・骨が折れているみたい。
応急処置に使えるものは？

・配られたおかしとおにぎり、
どっちを先に食べる？

・慣れない場所でねむれない。どうする？

・単三電池を単一電池に変えるには、
なにが必要？

・体育館にはまだ人がいるけど、
学校はいつ再開するの？　など

どっちを選ぶ？クイズで学ぶ！

自然災害サバイバル

監修 木原実（気象予報士・防災士）
イラスト 小松亜紗美（Studio CUBE.）

日本図書センター

はじめに

台風や洪水、地震、津波など、日本では最近も多くの自然災害がおこっています。これを読んでいるみなさんのなかにも、じっさいに災害を経験して、こわい思いをしたことがある人がいるかもしれませんね。そうでなくても、ニュース番組の映像を観るだけで、「もしも自分の住んでいる場所で災害がおきたら……」と不安になってしまうものです。

もしも今、この場で災害がおこったとしたら、みなさんはどうしますか？　どんな行動をとるべきか、すぐに判断ができるでしょうか？　とくに、まわりに家族や先生がいないときには、パニックになってしまうかもしれませんね。

この本では、主人公が家でひとりきりですごしているときに嵐がやってきます。そこからは、どこへ避難するか、なにをすればいいのか、まよいの連続です。みなさんも主人公といっしょにクイズに答えながら、水害がおきたときにどんな行動をとるべきか、考えてみてください。

この本を読んで、じっさいの災害をイメージし、正しい防災の知識を身につけておけば、いざというときにも落ち着いて判断ができるはずです。いつかくるかもしれない災害のとき、みなさんがより安全な行動をとるために、この本を役立ててくださるとうれしいです。

気象予報士・防災士　木原実

この本の見方

水害がおきたときに判断にまようシチュエーションをクイズにしているよ。

問題のむずかしさを3段階で表示しているよ。

問題の答えをイラストとともに紹介するよ。

問題 1

雨と風が強くなってきた！
まず、なにをすればいい？

むずかしさ★★★

A 窓のカギをかけてカーテンをしめる

B テレビをつけてニュースを見る

10

答え A

窓のカギをかけてカーテンをしめる

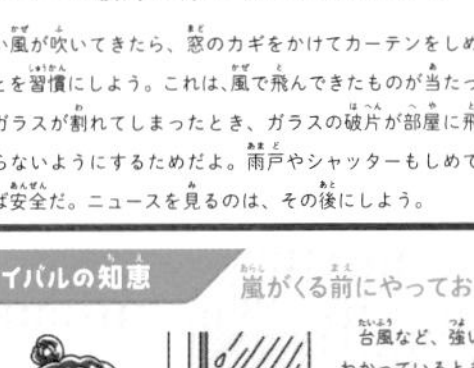

窓ガラスの破片が飛びちるとあぶない！

強い風が吹いてきたら、窓のカギをかけてカーテンをしめることを習慣にしよう。これは、風で飛んできたものが当たって窓ガラスが割れてしまったとき、ガラスの破片が部屋に飛びちらないようにするためだよ。雨戸やシャッターもしめておけば安全だ。ニュースを見るのは、その後にしよう。

サバイバルの知恵　嵐がくる前にやっておくこと

天気予報であらかじめ確認しておこう！

台風など、強い風が吹くことがあらかじめわかっているときは、やっておくべきことがあるよ。まず、ベランダや家のまわりにある、風に飛ばされそうなものを家のなかに入れよう。植木ばちや自転車も、飛ばされることがあるから、しまっておいたほうがいいよ。

ベランダの排水溝は、葉っぱやゴミがたまりやすいから、そうじしておこう。つまって雨を流せなくなると、ベランダに水がたまって、家のなかに入ってくるかもしれないんだ。

水道が止まることもあるから、浴そうに水をためておくこともたいせつだよ。

11

問題への選択肢だよ。どっちの行動をとればいいか考えてみよう。

答えについてくわしく説明しているよ。

問題に関係することがらを紹介するコラムだよ。

リン

この本の主人公。元気で前向きな性格の女の子。先月、弟が生まれた。

コウタとアカリ

リンの同級生。2人ともリンとおなじ町に住んでいる。

サバイバルマスター

防災について知りつくしたアドバイザー。

もくじ

プロローグ 留守番中に嵐がきた!

じゃ、また明日学校でね!

おう!

リン
小学校4年生

また明日ねー!

ばい

ばーい

アカリ

コウタ

ガチャ

ただいまー!

シーン…

……

って、そっか、今日はだれもいないんだぁ

お父さん、今からそっちに
帰るから、夕方には
家に着くみたいよ
リンー！
それまでひとりで
留守番できるか??
お父さん
大丈夫だよ！
もう子どもじゃ
ないしっ！
ははは！

じゃあ、また
電話するわね
うん、
またね！

はあー…でも
ひとりってヒマだな…
ゴロゴロ…
早くお父さん
帰ってこない
かな…

ピロン
ん？

お父さんから
メールだ
メール
お父さん

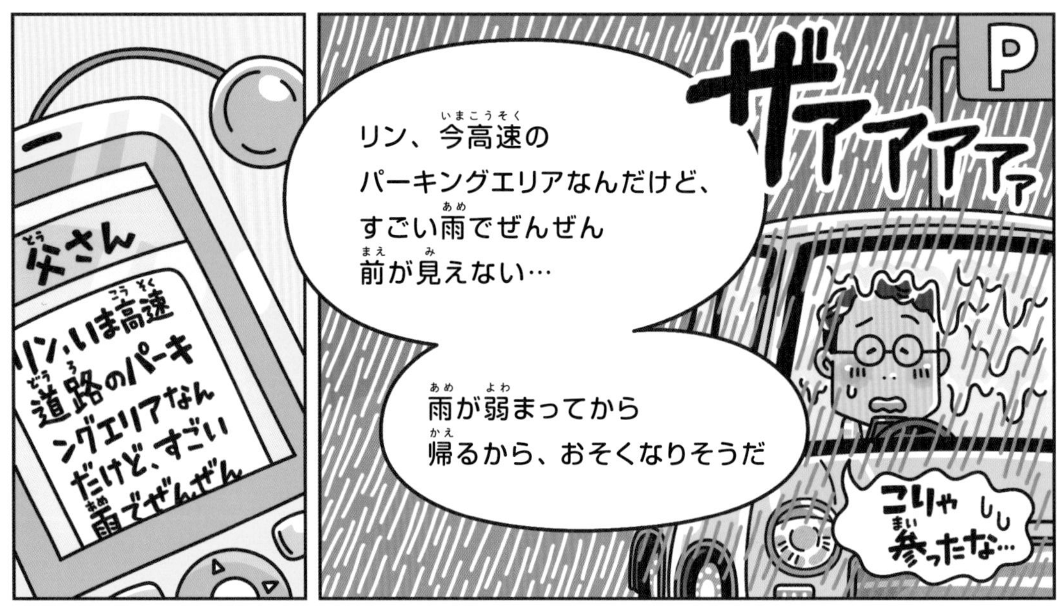
父さん
リン、いま高速道路のパーキングエリアなんだけど、すごい雨でぜんぜん
ザアアアアア
リン、今高速のパーキングエリアなんだけど、すごい雨でぜんぜん前が見えない…
雨が弱まってから帰るから、おそくなりそうだ
こりゃ参ったな…

あちゃ〜〜…

そっか…でも
無理せず帰ってきてね、と…
ピロン
送信

ポツッ

まずい！洗濯物をとりこまなきゃ
ダッシュ!!

ザアアアア
わぁぁぁ ふってきた！
アセアセ

ビュウウウウウウゥ
お父さんもお母さんもいないし…
私ひとり…
…ど、
ガタガタ
ドキ
ドキドキ
ウウ
ウウウウゥゥ
どうしよう…？
ドキ…
ビュウウウウウウ…

問題（もんだい） 1

雨（あめ）と風（かぜ）が強（つよ）くなってきた！まず、なにをすればいい？

むずかしさ ★★★

ガタガタガタ！

ビョオオオオオオオオ

A 窓（まど）のカギをかけてカーテンを閉（し）める

B テレビをつけてニュースを見（み）る

窓ガラスの破片が飛びちるとあぶない！

強い風が吹いてきたら、窓のカギをかけてカーテンを閉めることを習慣にしよう。こうすることで、風で窓が開いたり飛んできたもので窓ガラスが割れて、部屋に飛びちったりせずにすむんだ。雨戸やシャッターも閉めておけば、より安全だよ。ニュースを見るのは、その後にしよう。

サバイバルの知恵　嵐がくる前にやっておくこと

台風など、強い風が吹くことがあらかじめわかっているときは、やっておくべきことがあるよ。まず、ベランダや家のまわりにある、風に飛ばされそうなものを家のなかに入れよう。植木ばちや自転車も飛ばされることがあるから、しまっておいたほうがいいよ。

ベランダの排水溝は、葉っぱやゴミがたまりやすいから、そうじしておこう。つまって雨を流せなくなると、ベランダに水がたまって、家のなかに入ってくるかもしれないんだ。

水道が止まることもあるから、浴そうに水をためておくこともたいせつだよ。

天気予報は欠かさず確認しよう！

問題 2

「警戒レベル4」が出ている！家族は外出中だけど、どうする？

むずかしさ ★★★

A 先に避難する

B 家族の帰りを待つ

答え A

先に避難する

できるだけ早く避難しよう！

住んでいる地域に「警戒レベル4」が出ていたら、できるだけ早く避難しよう。家族が出かけているからといって、家でじっと待っているのは危険だよ。時間がたつと、道が雨水で水没して、家に取り残されてしまうかもしれないんだ。

家族がすぐに帰ってくるかどうかわからないのであれば、避難するというメッセージを残して、避難所に向かおう。近所の人に声をかけて、いっしょに避難すると安心だよ。

クイズ深掘り！

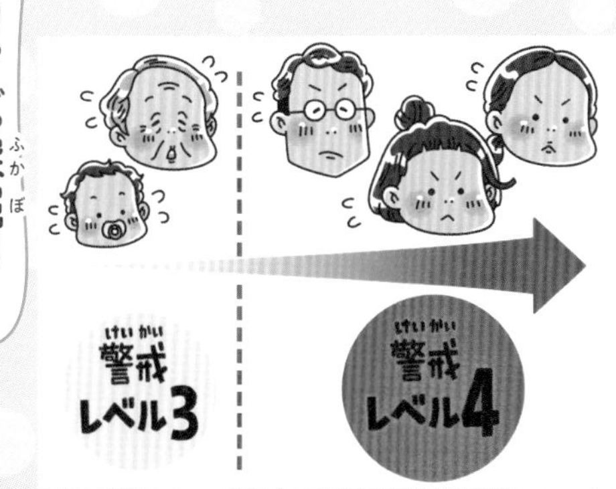

「警戒レベル」ってなに？

市区町村は、住民に災害の危険度を伝えるために「警戒レベル」を発表しているよ。レベルは1から5まで。3になったらお年寄りや赤ちゃんは避難することになっているんだ。4に上がったら、そのほかの人も避難。レベル5のときには、避難できないほど危険な状況になってしまうよ。

問題(もんだい)

3 避難所(ひなんじょ)に向(む)かうとき、どっちのくつをはいていく？

むずかしさ★★★

A 長(なが)ぐつ

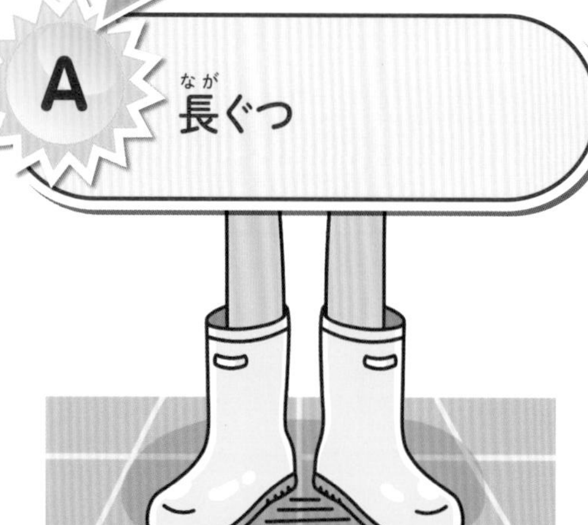

B スニーカー

長ぐつは歩きにくく、ぬげやすい！

足がぬれるのがイヤだからといって、長ぐつをはいて避難するのはとてもあぶないよ！　水がなかに入ってくると、重たくて歩きにくくなってしまうんだ。それに、長ぐつはブカブカだからぬげやすくて、流されることもあるよ。

スニーカーなら、水がなかに入ってきても歩きやすいし、ぬげにくいよね。足はぬれてしまうけど、避難のときは歩きやすさを優先して、スニーカーをはこう。

クイズ深掘り！

いつもよりしっかり、くつひもを結ぼう！

大雨のときの避難では、水たまりのなかを歩くこともある。ひもぐつの場合、ひもが流れてきたものに引っかかったり、水でふやけたりして、いつもよりほどけやすいよ。避難をするときには、しっかりと、きつくひもを結ぼう！

問題(もんだい) 4

避難(ひなん)するのがあぶない水(みず)の深(ふか)さは？

むずかしさ ★★★

A ひざより上(うえ)

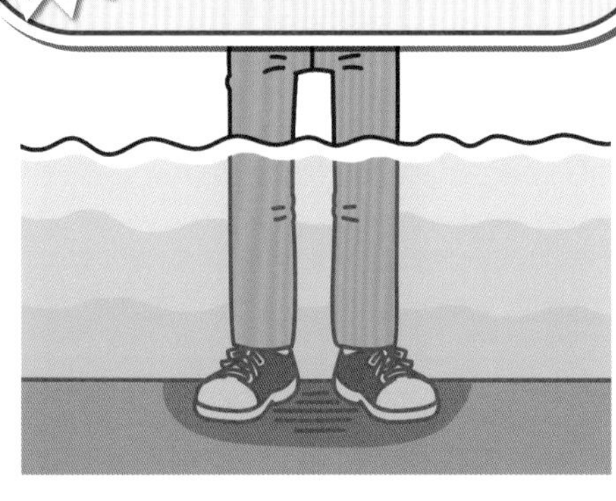

B 足首(あしくび)より上(うえ)

水のなかを歩くのはたいへん！

水の深さがひざよりも上だったら、避難はやめて家の２階などに逃げたほうがいいよ。浅いプールを歩くのとおなじで、水が重たくてとても歩きにくいんだ。とちゅうでつかれて、動けなくなってしまうかもしれないし、水が深くて地面が見えないと、思わぬケガをすることもあるよ。

水の深さが足首くらいでも、流れがあるときは危険だよ。避難中に水の流れを感じたら、急いで高いところへ逃げよう！

クイズ深掘り！

逃げられないときは「垂直避難」

すでに水がひざより高くなっていたら、家の２階やすぐ近くの高い建物など、少しでも高いところへすばやく逃げよう。これを「垂直避難」というよ。ただし、それは最後の手段。大雨がふることがわかっているなら、道が水でしずんでしまう前に避難することがたいせつだよ。

問題 5

避難所にいけないとき、まず家ですることは？

むずかしさ★★★

A 非常食や水を2階へ運ぶ

B 玄関のドアを重いものでふさぐ

救助がくるまでの食料が必要！

雨がふりつづくと、１階が水にしずんでしまって、外に出られなくなるかもしれないよ。生きていくために必要な食料と水は、できるだけ２階に運んでおこう！

大きな水害になると、水が引いたり、救助がはじまったりするまで、何日もかかることもあるよ。長引いたときにそなえて、だいたい１週間分の食料と水を用意しておくと安心だね。

ドアの前に重いものを置いても、水の侵入は防げないよ。

クイズ深掘り！

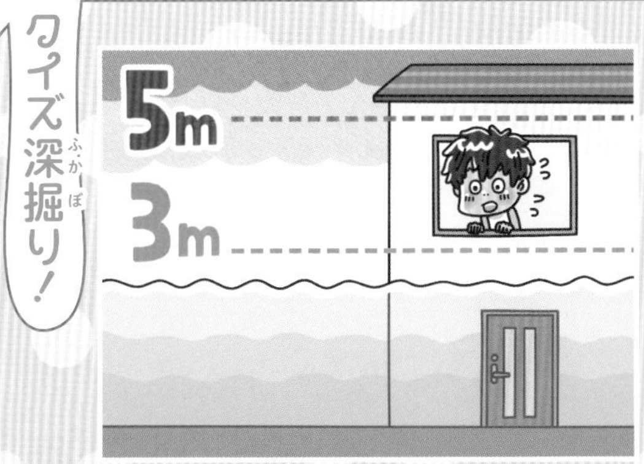

水の深さが3m以上だと2階も危険！

近所の川があふれると、水が３ｍ以上の深さになることもあるよ。地面から２階のゆかまでが、ちょうど３ｍくらいだから、こうなってしまうと２階にいても危険なんだ。川の近くに住んでいる人は、自分の家がどのくらい水にしずんでしまうか、地域のハザードマップで確認しておこう。

問題(もんだい) 6

家族(かぞく)にメッセージを残(のこ)すとき、なにに書(か)けばいい？

むずかしさ ★★★

A 画用紙(がようし)

B ねん着(ちゃく)テープ

ねん着テープは雨風に強い！

ひとりで避難すると決めたら、家族にメッセージを残そう。メッセージは、家族が家のなかに入れないことも考えて、玄関のドアの外側にはりつけたほうがいいんだ。

そんなとき、画用紙などの紙にメッセージを書いても、風に飛ばされたり、やぶれたりしてしまうよ。そこで役立つのが、ねん着テープなんだ。ドアにテープをはりつけて、油性ペンで書きこめば、確実にメッセージを残すことができるよ。

クイズ深掘り！

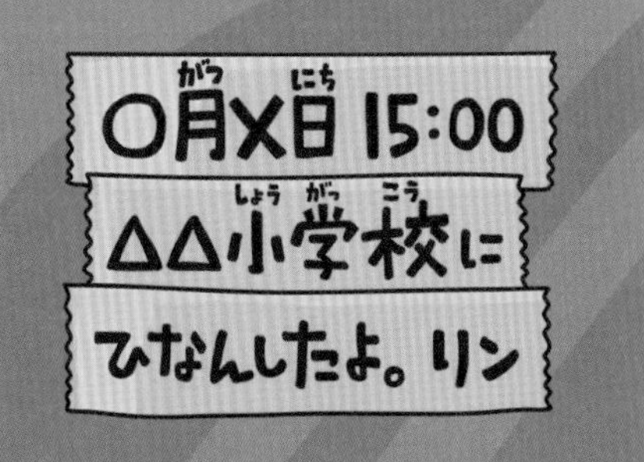

メッセージにはなにを書く？

ドアにメッセージを残すのは、家に帰ってきた家族に、キミがどこにいるのかを伝えるためだよ。だから、ドアにはりつけるねん着テープには、自分の名前と避難する場所、避難した日時を書いておこう。居場所を伝えられれば、家族とスムーズに再会できるよ。

問題
7
どの道をとおって
避難所にいけばいい？
むずかしさ★★★
A
B
C
スタート

ゴール
D
E

答え D

山、川、下り坂の下、マンホールをさける

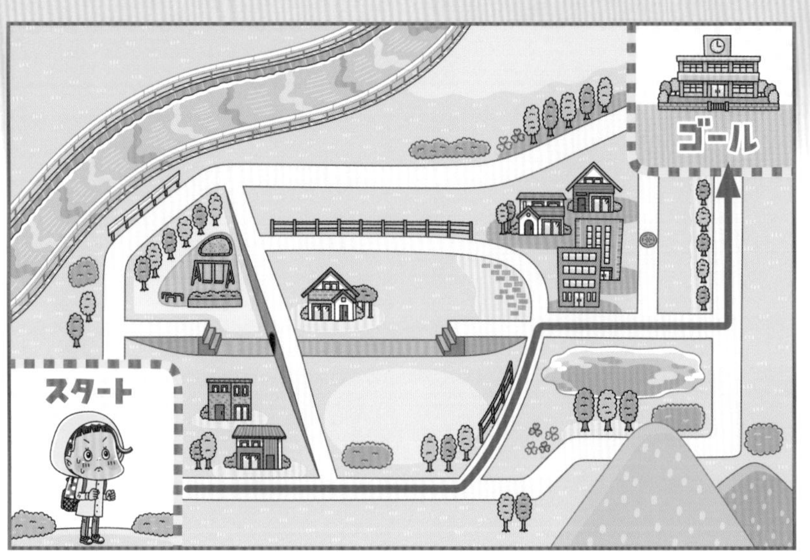

大雨のときの危険を知っておこう！

A、B、C、Eの道には、すべて危険がひそんでいるんだ。Aのわきを流れる川は、水が増えてあふれてしまうかもしれないよ。Bのような下り坂の下にある道や地下にもぐっている道には、大量の水が流れこんでくる危険がある。Cはゴールの近くの細い道のまんなかに、マンホールがあるね。マンホールは大雨ではずれることがあるから、さけてとおれる道を選ぼう。Eは山の近くをとおるから、土砂崩れが心配だよ。

クイズ深掘り！

マンホールのふたが吹き飛ぶことも

大雨のときは、「エアピストン」といって、マンホールのふたが急に吹き飛ぶことがあるよ。これは下水道が水と空気でパンパンになることで、ふたが押し上げられるからなんだ。大量の水が吹き出すこともあって危険だから、大雨がふったらマンホールに近よらないようにしよう。

注意報ってなに？

「注意報」や「警報」ってことばを聞いたことはあるかな？　災害の危険を知らせることばで、テレビの天気予報などで使われているよ。「特別警報」とあわせて3段階で、その危険度を表しているんだ。それぞれのちがいや種類を見てみよう！

注意報・警報・特別警報のちがい

嵐の前の天気予報に注目！

小

危険度

大

注意報

「災害のおそれがある」という注意の呼びかけだよ。その後の気象情報をこまめにチェックしつつ、避難の準備もしておくと安心だよ。

「重大な災害のおそれがある」という警告だよ。警戒レベルが3以上になることもあるから、いつでも避難所にいけるように準備をしよう。

特別警報

「重大な災害がせまっている」という最大級の警告で、避難が必要だよ。特別警報が出たら、すみやかに避難所に向かおう。

さまざまな種類の注意報・警報・特別警報

雨

大雨注意報

大雨警報

大雨特別警報

風

暴風注意報

暴風警報

暴風特別警報

洪水

洪水注意報

洪水警報

など

大雨特別警報は、土砂災害、浸水害など、おこりそうな災害といっしょに発表されるぞ！

問題 8
風が強く、道路は水びたし。どうやって歩けばいい？

むずかしさ★★★

A かさを
つえがわりにする

B かさをさして、
低い姿勢で歩く

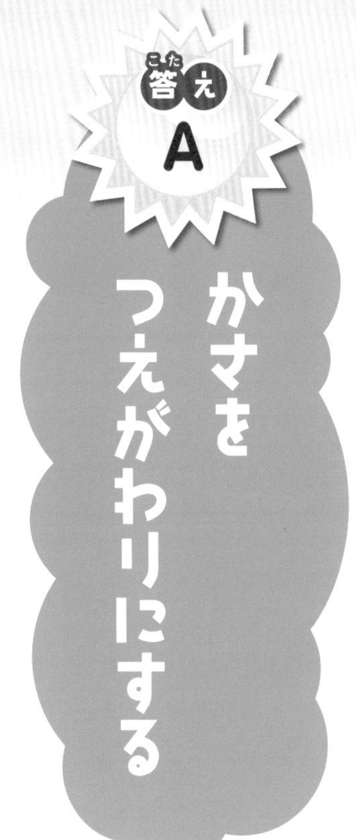

水びたしの道路には危険がいっぱい！

水びたしの道路では、マンホールのふたがはずれていたり、割れたガラスがちらばっていたりと、危険がいっぱいだよ。しかも、水がにごっていて地面が見えないことも多いんだ。

そんなときは、かさをつえのかわりにして、自分の歩く方向の地面をコツコツとたたきながら進もう。穴や障害物があっても、かさの先で感じて、よけることができるよ。かさでなくても長くてじょうぶな棒があれば、おなじように使ってみよう。

強風のときはかさを閉じよう！

強風のときは、かさをささないほうがいいよ。かさが風を受け止めると、強い力で体が引っぱられて、思うように歩けないんだ。避難するときはかさをささず、レインコートを着て雨風を防ごう。もしヘルメットがあれば、かぶっておくといい。風で飛んできたものから頭を守れるよ。

問題(もんだい) 9

くつのなかがぬれて歩(ある)きづらい。どうしたらいい？

むずかしさ ★★★

A くつをぬいで
はだしになる

B ガマンして
はいたままでいる

はだしで歩くと、とってもあぶない!

水のなかを歩くと、くつや足が水でずぶぬれになって、気もちわるいよね。でも、ぜったいにくつをぬいではいけないよ。27ページでも説明したように、水びたしの道路には危険がいっぱい。もしもはだしで割れたガラスをふんだら、ケガをしてしまうよね。しかも、水のなかにはばい菌がたくさんいるよ。きず口からばい菌が入ると、病気になる危険だってある。たとえ歩きづらくても、ガマンしてくつをはいていよう。

深い水たまりはさけたほうがいいぞ!

クイズ深掘り!

水が深いときは車で逃げない

「車があれば、ぬれずにすばやく避難できる」と思うかもしれないね。でも、水の深さが30cm以上になると、車のエンジンが止まることがあるんだ。それに、車で避難する人が多いと、救急車や消防車のじゃまになってしまうよ。とくべつな事情がないかぎり、車での避難はやめておこう。

問題
10
息が苦しいくらい雨が強い。これって何ミリの雨？

むずかしさ★★★

A 1時間降水量 30ミリ

B 1時間降水量 100ミリ

答え B

1時間降水量100ミリ

100ミリは「どしゃぶり」の3倍以上

天気予報でよく聞く「〇ミリの雨」というのは、ある時間のなかでふった雨の「深さ」を表しているんだ。これを「降水量」というよ。1時間降水量が100ミリなら「1時間で10cmの深さまで水がたまるくらいの雨」ってことだね。

ときどきふる「どしゃぶり」の雨は、だいたい20〜30ミリくらい。100ミリの場合は、その3倍以上の雨がふっていることになるよ。くらべてみると、すごい強さだとわかるね。

降水量については35ページでも解説するぞ！

クイズ深掘り！

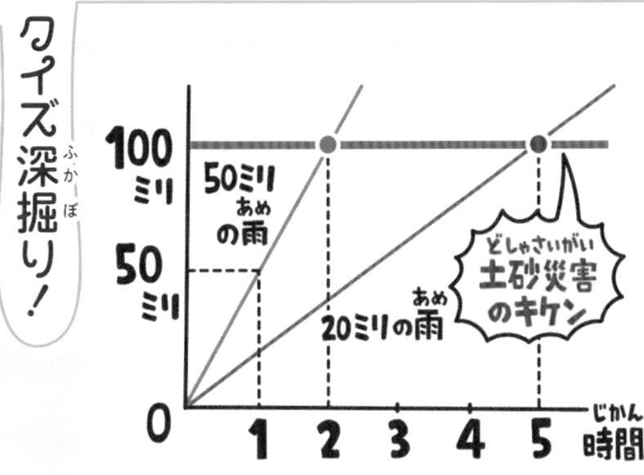

ふりはじめから100ミリ以上になったら注意！

ふりはじめてからの雨の量が合計で100ミリ以上になったら、土砂災害がおこりやすくなるといわれているよ。一気に100ミリじゃなくても、50ミリが2時間つづいたり、20ミリが5時間つづいたりするなら、土砂くずれに注意しよう！

問題
11
強風が吹いている。
このなかで危険な場所はどこ？
むずかしさ★★★
できたてパン
A
B

D
○○スーパー
C
E

たおれるものや飛ぶものに注意！

強い風のなかを歩くときは、「たおれそうなものには近よらない」ことが鉄則。ふだんはビクともしない自動販売機も、嵐のときにはたおれてくることがあるよ。古いブロックべいや電信柱などにも気をつけて、近くをとおらないようにしよう。

「落ちてくるもの」「飛ばされそうなもの」にも注意が必要だよ。屋根がわらやお店の看板が風で吹き飛ばされることもよくあるんだ。まわりに目を配りながら、慎重に歩こう。

クイズ深掘り！

ベランダにあるものに注意

強い風は重たいものも吹き飛ばすから、当たった人がケガをしてしまうよ。自分の家のものが飛んでいって、通行人がケガをしたらたいへんだよね。ベランダにあるものは室内に入れたり、ロープで固定したりしておこう。とくにマンションの上のほうの階に住んでいる人は、要注意だよ。

○ミリの雨って、どれくらいの強さ？

31ページで１時間に100ミリの雨と、30ミリの雨について説明したけど、ほかの降水量のときは、どんな感じなのだろう？　何ミリがどのくらいの強さで、どんなことがおこるのか、下の表で見てみよう！

これを見れば、天気予報だけで雨の強さを想像できるね！

1時間の降水量	予報用語	ふり方のイメージ
10ミリ以上 20ミリ未満	やや強い雨	「ザーザー」と音を立ててふる。道路などには水たまりができる。
20ミリ以上 30ミリ未満	強い雨	「どしゃぶり」といわれるくらいの雨。かさをさしてもぬれてしまう。
30ミリ以上 50ミリ未満	はげしい雨	バケツをひっくり返したようないきおいの雨。道路に水があふれて川のようになる。
50ミリ以上 80ミリ未満	非常に はげしい雨	滝のような雨。かさが役に立たず、前が見えないほど。川がはんらんするおそれが強い。
80ミリ以上	猛烈な雨	息をするのが苦しくなるような、あっぱく感のある雨。大きな災害が発生する可能性が高い。

出典：気象庁ホームページ

問題 12 川でおぼれている人を発見！なにを投げ入れる？

むずかしさ ★★★

A じょうぶな木の枝

B 空のペットボトル

答え B

空のペットボトル

浮かぶものをつかませて、落ち着かせよう！

水に浮かびやすいものを投げ入れることがたいせつだよ。つかまっていれば息ができるから、おぼれた人も落ち着いて、助けを待つことができるようになるんだ。

浮き輪みたいに、軽くて、空気が入っているものは水に浮きやすい。だから空のペットボトルは浮かぶんだ。大きめのものを１本か、小さいものをいくつかまとめてつかめば、大人でも浮くことができる。すこし水が入っていると、投げやすいよ。

クイズ深掘り！

ひとりで助けようとするのは危険！

近くに浮くものが見つからなくても、あせって川に飛びこんで助けようとしてはいけないよ。おぼれた人がしがみついてきて、いっしょにおぼれてしまうかもしれないんだ。まずは大声を出して、助けてくれる大人を呼ぼう。携帯電話があれば、消防（119番）や警察（110番）に電話しよう。

問題
13
土石流がおこる前ぶれを
3つ選ぼう！
むずかしさ★★★
A 川の水がにごる
B 川の水の量が
増えている

ゴロゴロゴロ…
C 山なりがする
クンクン
D くさった土の
においがする

答え A・C・D

川がにごる、山なりがする、くさった土のにおいがする

いつもとちがう音やにおいに要注意！

「土石流」とは、山や川の底にある土砂(石・砂・土)が大雨などでくずれて、ふもとまで一気に流れてくることだよ。道路や家を押し流すくらい大きな力をもっているから、ぜったいに巻きこまれないようにしよう。

川の水がにごったり、山や川から、いつもとちがうにおいや音がしたりするのは、土石流の前ぶれだよ。気がついたら、すぐに安全な場所に避難しよう。

Bを選んだキミは…

川の水は減ったときが危険

雨がふりつづいているのに、いつもより川の水の量がすくなくなることがある。そんなときも、土石流に注意が必要だよ。川の上流でがけくずれがあると、土砂などで川の流れがせき止められて、下流の水はすくなくなる。せき止められていた水が一気に流れることで、土石流がおこるんだ。

この標識、どんな意味？

下のような標識を、町で見かけたことはないかな？　これは「避難誘導標識」といって、避難所の種類や、そこがどんな災害から命を守ってくれるかを表すものなんだ。学校や公園、大きな施設の看板、電柱などにつけられていることがあるから、近所でさがしてみよう。下の標識は「ここが避難場所です」という意味のものだよ。

矢印マークを表示して、避難場所までの道のりを示している避難誘導標識もあるぞ。

標識のなかの記号の意味

「避難誘導標識」にはさまざまなイラストがかいてあるね。それぞれの意味を説明するよ。

学校や体育館など、地震などで自宅に住めなくなった人を受け入れて、住まわせてくれる場所だよ。

公園や大きなグラウンドなど、災害の危険から一時的にのがれて命を守るための場所だよ。

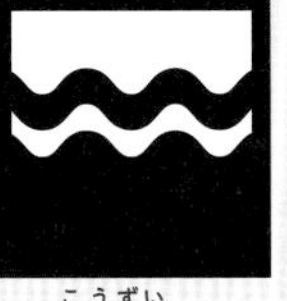

洪水・内水氾濫

高潮・津波

土石流

がけくずれ・地すべり

大規模な火事

どの災害から命を守ってくれるかを、記号で表しているよ。

問題 14

川上から土石流が流れてきた！どっちへ逃げる？

むずかしさ★★★

A 流れに対して直角の方向

B 流れとおなじ方向

土石流のスピードは自動車なみ

石や土砂がものすごい勢いで流れてくる土石流は、川や谷に沿って、大きな岩を先頭にして流れてくることが多いよ。そのスピードは時速40〜50km。自動車とおなじくらいの速さなんだ。おなじ方向に走っても逃げ切れないから、流れに向かって直角、つまり右か左に逃げたほうがいいよ。

土石流は、低いところに向かって流れていく性質もあるから、高いところに逃げることもたいせつだよ。

クイズ深掘り！

ハザードマップで近所のことを知ろう！

大雨がふっているときは、土石流以外にもがけくずれや地すべりなどの土砂災害に注意が必要だよ。キミの家の近所に土砂災害の危険があるかどうかは、市町村が発表している「ハザードマップ」でたしかめられるよ。必ずチェックしよう！

問題 15

雷がなっているときにあぶないのはどっち？

むずかしさ★★★

A 木の下にかくれる

B 金属を身につけている

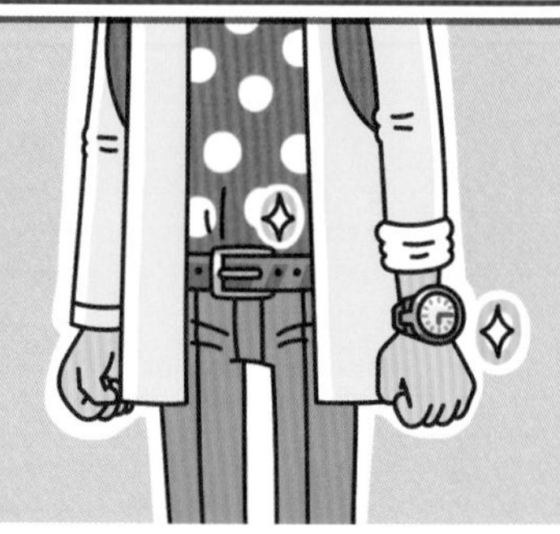

雷は背の高いものに落ちてくる!

雷は、高い場所や上につき出たものに落ちてくる性質があるよ。だから背の高い木や、電柱の近くにいると、そこに雷が落ちてきて、感電してしまうかもしれないんだ。命を落とすこともあるから、とても危険だよ。雷がなっているときには、すぐに木や電柱からはなれよう。

鉄筋コンクリートの建物や車、バスのなかなどは安全だよ。近くに見つけたら、まよわずかけこもう!

メガネやベルトははずさないでオッケー!

雷が電気だと知っている人は「金属は電気が流れやすいし、身につけているとあぶないかも」と考えてしまうよね。でも、メガネや腕時計、ベルトなど、身につけるような金属は、落雷には関係ないことがわかっているんだよ。

問題 16

近くに建物がない！雷からどうやって身を守る？

むずかしさ★★★

A 腹ばいになって頭を守る

B おしりをつけずにしゃがむ

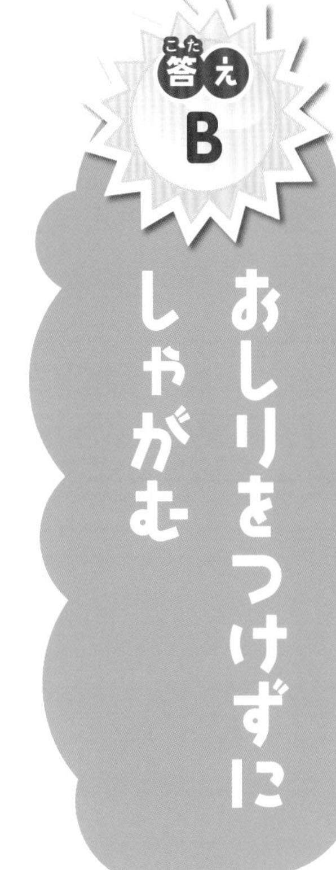

地面からの感電に注意！

45ページでも説明したとおり、雷は背の高いものに落ちてくる。近くに雷からの避難場所がないときは、すこしでも姿勢を低くすることがたいせつだよ。だからといって、腹ばいになるのは危険。なぜなら、地面をとおって電気が流れてきて、やけどしてしまうことがあるからだよ。地面についている面が大きいほど、やけどはひどくなるんだ。だから、しゃがむときも、おしりをつけないようにしたほうが安全なんだ。

クイズ深掘り！

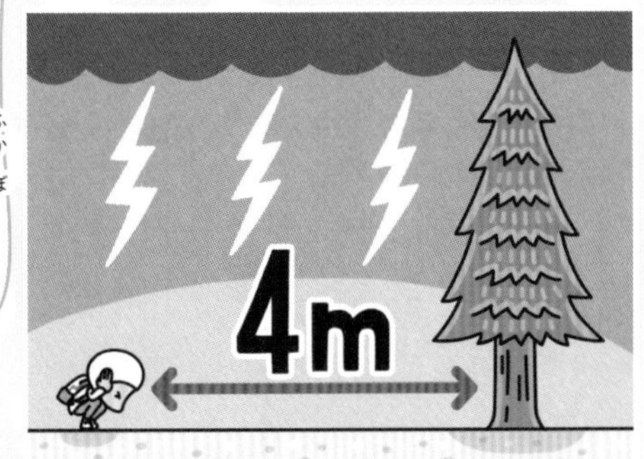

木や電柱から4m以上はなれよう！

近くに雷が落ちると、その電気が地面をとおって、人に感電することがあるんだ。だから、雷が落ちやすい木や電柱からはなれることもだいじだよ。はなれる距離は４ｍが目安。黒板の幅がだいたい3.6mだから「黒板の幅よりすこし遠くまではなれる」とおぼえておくといいよ。

問題(もんだい) 17

電線(でんせん)がたれ下(さ)がっている。どうする？

むずかしさ★★★

A よけて歩(ある)く

B ちがう道(みち)をいく

電線には近づくのも危険！

台風などで風が強く吹くと、電線が切れてしまって、地面の近くまでたれ下がることがあるんだ。めったに見ないことだから、気になってしまうかもしれないけど、ぜったいに近づいてはいけないよ。

さわるのはもちろんあぶないし、近よるだけでも感電してしまって、大けがをすることがあるんだ。切れている電線を見つけたら、できるだけその道をさけて、べつの道をさがそう。

クイズ深掘り！

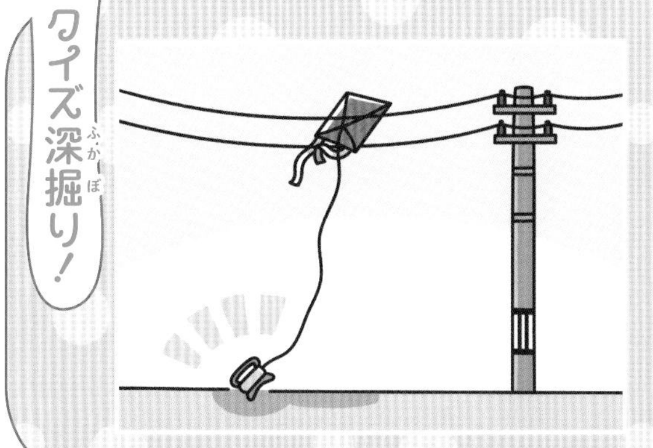

電線にひっかかったものからも感電する

風が強いときは、いろいろなものが飛ばされてくるから、電線にものがひっかかっていることもあるよ。ひっかかったものにも、電気が流れていることがあるんだ。感電するかもしれないから、こういうときも別の道をとおったほうがいいよ。

問題(もんだい) 18

「避難所(ひなんじょ)が満員(まんいん)らしい」といってもどってくる人(ひと)がいた。どうする？

むずかしさ★★★

A 自分(じぶん)も家(いえ)にもどる

B そのまま避難所(ひなんじょ)にいく

後のことは避難所で考えよう

避難所から家に帰っている人がいたら「自分も引き返したほうがいいのかも」と思ってしまうよね。そんなときは、なぜ避難しているのかを思い出してみよう。家は危険で、避難所のほうが安全だと判断したから、避難しているんだよね。

だから、満員かもしれなくても、まずは避難所までいってみよう。避難所にいる大人に、つめればなかに入れるのか、別の避難所に移動するべきなのか、聞いてみるといいよ。

A を選んだキミは…

コレ!
ニュース

情報を見きわめよう!

「家のほうが安全」という人がいたとしても、その人の家とキミの家がおなじように安全とはかぎらないよね。そういううわさだけでなく、インターネットにも、うそか本当かわからない情報があふれているよ。自分の命を守るためにも、どの情報を信用するのか、よく考えて行動しよう!

エピローグ　無事に避難所に到着！

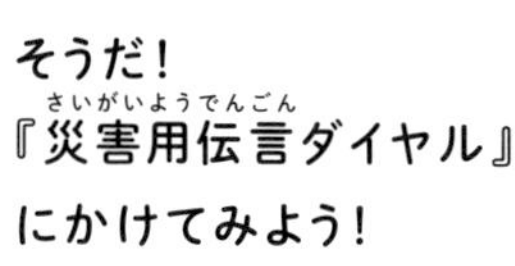

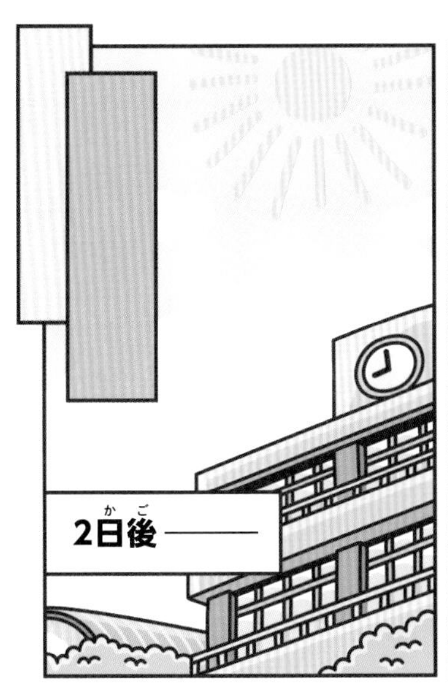
2日後―――

―あ、

お父さーん!!
リン!!

よくひとりで避難できたなぁ
えらいぞリン!
ガシッ!!
エへへ

もしもし!お母さん?
2人とも無事で良かったわ!リン、元気?
オギャー
オギャー

大丈夫だって!もうお姉ちゃんだし!!
いやー
よかったよかった
ウフフ
えっへん!!

災害がおきる前にやっておこう！

❶ 家族の連絡方法を決める

家族がばらばらに避難することになるかもしれない。そのとき、どうやって連絡をとるか、話しあっておこう。「災害用伝言ダイヤル(171番)に伝言を残す」「親せきの家に電話する」などと決めておけば安心だね。

❷ 家のなかの大雨・強風対策

台風などで大雨がふったり、強風が吹いたりするときに、家ではどんな準備ができるかな？ポイントごとに確認しておこう。

停電対策

強風で電線が切れて、停電することがあるよ。懐中電灯は家のどこに、いくつあるか、たしかめておこう。

断水対策

水道から水が出なくなることもあるんだ。ペットボトルの水など、非常用の飲み物を用意しておこう。

飛ばされやすいもの

ベランダや庭に、強風で飛ばされそうなものがないか、あらかじめ見ておこう。補強しておくこともたいせつ。

❸ 避難場所を確認する

避難場所は、災害の種類や被害の大きさで変わるよ。家族と「この災害がおきたら、この避難場所」という情報を確認しあっておこう。家からの道のりや、待ち合わせ場所を決めておくのもたいせつだよ。

❹ 避難用リュックを用意しておく

避難所で必要なものをまとめておけば、災害がおきたとき、とっさに持ち出せるよ。このページで紹介するものをリュックサックに入れて、玄関などに置いておこう！

水と食料

古くならないよう、定期的に新しいものに取りかえよう。

救急箱

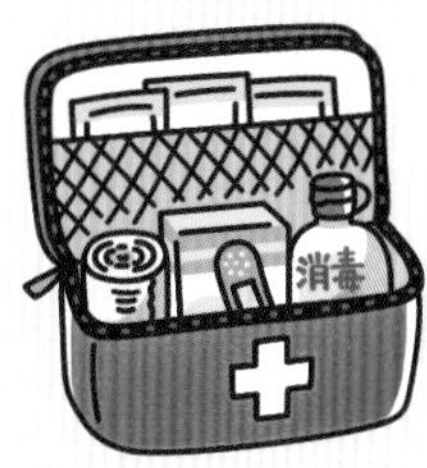

ケガをしたときのために、包帯や消毒液を用意しよう。

レインコート

避難するときは、両手があく雨具が便利だよ。

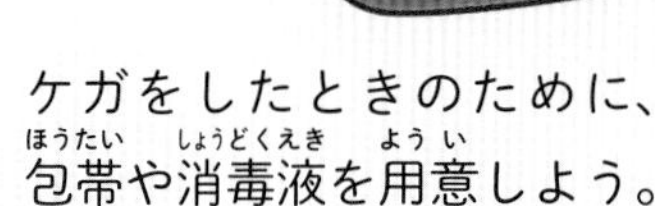

ヘルメット

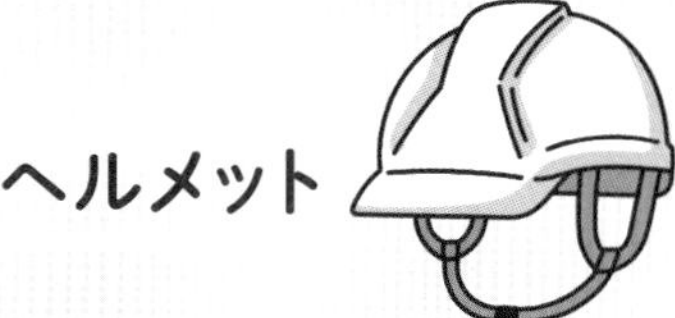

風で飛んでくるものから、頭を守ろう。

ライト

停電してしまった場合にかつやくするよ。

ラジオ

降水量や台風の進路など、確実な情報を得られるよ。

その他

寒さをしのぐ「毛布」、助けを呼ぶときの「笛」、あぶないものを動かすときの「軍手」、公衆電話から電話をかけるための「小銭」、ほかにも「電池」や「スマホの充電器」があると、さらに安心だよ。

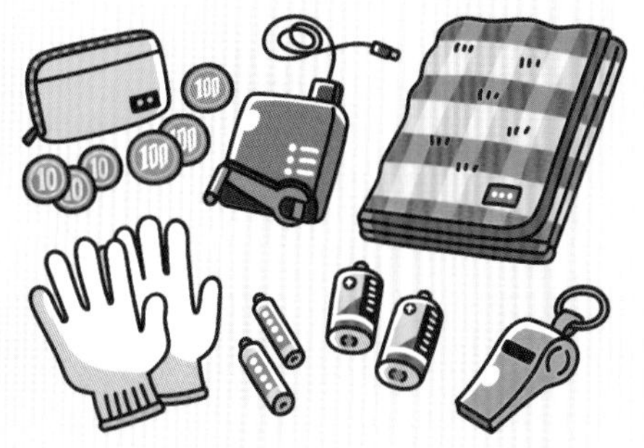

● 監修者

木原 実（きはら・みのる）

気象予報士・防災士。
1986年からお天気キャスターとして、日本テレビの番組に出演。現在はお天気キャラクター・そらジローとともに、同局「news every.」のお天気コーナーを担当している。2016年度より、日本防災士会の参与に就任。『天気の基礎知識』（フレーベル館）、『おかあさんと子どものための防災&非常時ごはんブック』（ディスカヴァー・トゥエンティワン）など、多くの気象・防災関連書の監修も務める。

NDC369.3
どっちを選ぶ？クイズで学ぶ！
自然災害サバイバル
②水害
監修・木原実
日本図書センター
2020年　56P　23.7cm×18.2cm

● イラスト	小松亜紗美（Studio CUBE.）
● ブックデザイン	釣巻デザイン室（釣巻敏康・池田彩）
● 編集協力	株式会社 バーネット（高橋修）
● 企画・編集	株式会社 日本図書センター

※本書で紹介した内容は、災害発生時の対応の一例です。非常時にはその状況に応じて、個別の判断が必要になります。そのヒントとして、本書をお役立ていただけますと幸いです。

どっちを選(えら)ぶ？ クイズで学(まな)ぶ！

自然災害(しぜんさいがい)サバイバル ②水害(すいがい)

2020年4月25日　初版第1刷発行
2021年4月25日　初版第2刷発行

監　修	木原 実
発行者	高野総太
発行所	株式会社日本図書センター 〒112-0012 東京都文京区大塚3-8-2 電話 営業部 03-3947-9387 出版部 03-3945-6448 http://www.nihontosho.co.jp
印刷・製本	図書印刷 株式会社

ISBN978-4-284-20456-9 C8336（第2巻）